中国城市轨道交通协会职业技能标准

城市轨道交通列车检修工

中国城市轨道交通协会　发布

图书在版编目(CIP)数据

城市轨道交通列车检修工/中国城市轨道交通协会编制.—北京:中国铁道出版社,2018.1
(中国城市轨道交通协会职业技能标准)
ISBN 978-7-113-23708-0

Ⅰ.①城… Ⅱ.①中… Ⅲ.①城市铁路-轨道交通-列车-车辆检修-职业培训-教材 Ⅳ.①U239.5

中国版本图书馆 CIP 数据核字(2017)第 206946 号

书　　名: 中国城市轨道交通协会职业技能标准
城市轨道交通列车检修工
作　　者: 中国城市轨道交通协会

责任编辑: 徐　艳　　　**协会电话:** 010-51289099-823
封面设计: 王镜夷
责任校对: 焦桂荣
责任印制: 高春晓

出版发行: 中国铁道出版社(100054,北京市西城区右安门西街 8 号)
网　　址: http://www.tdpress.com
印　　刷: 北京铭成印刷有限公司
版　　次: 2018 年 1 月第 1 版　2018 年 1 月第 1 次印刷
开　　本: 850 mm×1 168 mm　1/32　印张:3.125　字数:56 千
书　　号: ISBN 978-7-113-23708-0
定　　价: 20.00 元

关于颁发《城市轨道交通信号工》等第一批8个工种职业技能标准的通知

各有关单位：

为满足城轨交通企业生产经营、人力资源管理，满足城轨交通职业教育培训和职业技能鉴定需要，协会根据国家发改委、教育部、人社部《关于加强城市轨道交通人才建设的指导意见》（发改基础〔2017〕74号）精神，依据《中华人民共和国职业分类大典（2015年版）》、《国家职业技能标准编制规程》的有关规定，结合我国城轨交通实际，组织编制了《城市轨道交通信号工》等第一批8个工种的职业技能标准，业已审定，现颁发试行。试行过程中，将根据实际需要及时进行修订。

《城市轨道交通信号工》等第一批8个工种职业技能标准目录见附件。

中国城市轨道交通协会

二〇一七年十月二十日

附件：

工种目录

1. 城市轨道交通信号工
2. 城市轨道交通线路工
3. 城市轨道交通接触网（轨）检修工
4. 城市轨道交通变电检修工
5. 城市轨道交通列车司机
6. 城市轨道交通列车检修工
7. 城市轨道交通服务员
8. 城市轨道交通自动售检票检修工

《中国城市轨道交通协会职业技能标准》编写委员会

《中国城市轨道交通协会职业技能标准》编制说明

为适应我国城轨交通快速发展形势下企业生产经营、人力资源管理的迫切需求，满足城轨交通职业教育培训和职业技能鉴定等需要，中国城市轨道交通协会在国家发展改革委、交通运输部、住建部、人力资源和社会保障部等政府部门的支持和指导下，组织编制了行业急需的《城市轨道交通信号工》等8个工种的职业技能标准为第一批发布。

一、指导思想

依据《中华人民共和国职业分类大典》，在已有国家和行业标准的基础上，从满足急需、填补空白、细化需求出发，按照《国家职业技能标准编制规程》的要求，补充完善行业职业技能标准体系，指导企业建立健全有关规制，为制定年度行业人才培养指南、开展技能水平评价等工作提供支撑。

二、编制原则

1. 科学适用原则。标准体现了城轨交通从业人员的理论知识和操作技能的要求，科学合理，既考虑行业现状，又兼顾技术发展。

2. 可操作性原则。标准着眼于城轨交通行业未来发展，考虑国家、行业、企业的实际情况，既覆盖地铁、轻轨等传统制式，又包含了快速发展的跨座式单轨和有轨电车；既突出该职业当前主流技术、技能的要求，又兼顾不同城市和企业间可能存在的差异，从城轨交通网络化模式下的工种通用性出发，采取大工种的概念，将各家参编单位行之有效的共性标准吸收进来，并关注新运营企业的实际需求，适度超前指导，内容具体，可度量、可检验，便于实施，易于理解。

3. 标准化原则。各项标准文体与术语符合国家最新技术标准，内容结构、表述方法符合《国家职业技能标准编制规程》的要求。

三、编制过程

标准研究与编写工作历时两年，经过启动阶段、初稿阶段、征求意见稿阶段、送审稿阶段以及终审、复核等环节。征求意见阶段，多方听取意见建议，几上几下反复修改完善，得到了主要牵头单位和参与单位的大力支持，直接和间接参与研究编写的专家团队超过百余人。

四、结构与主要内容

标准包括：职业概况、基本要求、工作要求和比重表四部分。

1. 职业概况：职业名称、职业定义、职业等级、职业环境条件、职业能力特征、基本文化程度、培训要求、技能鉴定要求等项内容。

2. 基本要求：职业道德和基础知识两部分内容。

3. 工作要求:职业功能、工作内容、技能要求、相关知识要求四项内容。

4. 比重表:理论知识和操作技能两部分内容。

五、本标准有关说明

1.《城市轨道交通列车检修工》在编制中难免有疏漏之处,望各有关单位随时将执行中的有关问题与协会相关部门沟通。

2.《城市轨道交通列车检修工》由中国城市轨道交通协会负责解释,并自2017年10月20日起执行。

3.《城市轨道交通列车检修工》主要编写人员:叶华平、杜晓红、姚晓荣、林宏、姚军、孙沪澄、姚纯洁、黄浩强、徐凯、高洁、陈春根、潘文婷。其中,跨座式单轨部分:吴新安、刘伟、漆伟、赵婕、马华明、程望、吴晶、何泽勇、黄德勇。有轨电车部分:许广鹏、邱慧玉、姚汝龙、李春杰、孙宁、王强、关和宁、姚震、文进兵、吴蕴喆、周熙。

目　　录

城市轨道交通列车检修工
职业技能标准

1 职业概况

1.1 职业名称

城市轨道交通列车检修工。

1.2 职业定义

从事城市轨道交通列车接收、检修及调试的人员。

1.3 职业等级

本职业共设五个等级，分别为：初级（五级）、中级（四级）、高级（三级）、技师（二级）、高级技师（一级）。

1.4 职业环境条件

隧道，地面，高架，室内外，高温，低温，常温，噪声。

1.5 职业能力特征

具有良好的分析及表达能力；有缜密的逻辑思维能力；有一定的计算能力；手臂、手指灵活；动作协调性强。

1.6 基本文化程度

高中毕业(或同等学历)。

1.7 培训要求

1.7.1 培训期限

全日制职业学校教育，根据其培养目标和教学计划确定。晋级培训期限：初级不少于120标准学时；中级不少于160标准学时；高级不少于180标准学时；技师不少于200学时；高级技师不少于220学时。

1.7.2 培训教师

培训初、中级的教师应具有本职业高级及以上职业资格证书或相关专业初级及以上专业技术职务任职资格；培训高级、技师的教师应具有本职业技师及以上职业资格证书或相关专业中级及以上专业技术职务任职资格；培训高级技师教师应具有本职业高级技师职业资格证书或相关专业高级专业技术职务任职资格。

1.7.3 培训场地设备

满足教学需要的标准教室、技能培训基地、演练场或作业现场，有技能培训必要的设备、工具、备品等。理论培训场地应配备投影仪、播放设备。实际操作培训场、演练场或作业现场所应能满足培训要求的场地，且具有相应的设备、工具、备品，通风条件良好，光线充足，安全设施完善。

1.8 鉴定要求

1.8.1 适用对象

从事或准备从事本职业的人员。

1.8.2 申报条件

——初级(五级)

取得中等职业教育毕业证书。

——中级(四级)

在本企业从事本职业工作,并具备以下条件之一者:

(1)取得本职业初级(五级)职业资格证书1年及以上;

(2)取得高等职业教育毕业证书;

(3)具有高中及以上文化程度,且连续从事本职业工作2年及以上;

(4)取得相关职业(工种)中级(四级)职业资格证书,且连续从事本职业工作1年及以上。

——高级(三级)

在本企业从事本职业工作,并具备以下条件之一者:

(1)取得本职业中级(四级)职业资格证书2年及以上;

(2)取得高等教育毕业证书;

(3)取得高等职业教育毕业证书,且连续从事本职业工作3年及以上;

(4)取得相关职业(工种)高级(三级)职业资格证书2年及以上,且连续从事本职业工作3年及以上。

——技师(二级)

在本企业从事本职业工作,并具备以下条件之一者:

(1)具有中等职业教育或高中以上学历,在本企业从事本职业工作,且取得本职业高级(三级)职业资格证书3年及以上;

(2)具有中等职业教育或高中以上学历,长期从事本职业工作,技术领先,具有突出的工作业绩,符合试点企业的破格申报条件,经本人申请、单位推荐,公示通过后,可破格申报技师(二级)。

——高级技师(一级)

在本企业从事本职业工作,并具备以下条件之一者:

(1)具有中等职业教育或高中及以上学历,在本企业从事本职业工作,且取得本职业技师(二级)职业资格证书4年及以上;

(2)具有中等职业教育或高中及以上学历,长期从事本职业工作,技术领先,具有突出的工作业绩,符合试点企业的破格申报条件,经本人申请、单位推荐,公示通过后,可破格申报高级技师(一级)。

1.8.3 鉴定方式

初、中、高级采用非一体化鉴定模式,分为理论知识考试和技能操作考核。理论知识考试采用闭卷机考或卷考,技能操作考核采用实际操作方式。各级的考核方式根据职业等级和考核项目的特点而定。操作技能考核由考评员按技能操作考核规定或相关标准打分。理论知识考试和技能操作考核均实行百分制,成绩皆达60分及以上者为合格。

技师、高级技师采用一体化鉴定模式，按职业活动结合工作业绩、考核与评审相结合的方式进行鉴定。鉴定分专项技能、综合能力和公共模块，由考评员按照操作考核规定或相关标准评分。每个模块均实行百分制，成绩皆达60分及以上及通过论文答辩者为合格。

1.8.4 考评人员与考生配比

理论知识考试考评人员与考生配比为1∶15，每个标准教室不少于2名考评人员。技能操作考核考评员与考生配比为1∶5，且不少于3名考评员。综合评审委员人数为不少于3人的单数。

1.8.5 鉴定时间

理论知识考试时间不少于60 min，技能操作考核时间视实际情况而定(等级和项目不同则时间不同)。

1.8.6 鉴定场所设备

理论知识考试在标准教室进行。技能操作考核场所应具有能满足技能鉴定需要的厂房和车辆，及相关的设备、仪器、工具、材料等，符合环境保护、劳动保护、安全和消防等各项要求。

2 基本要求

2.1 职业道德

2.1.1 职业道德基本知识

2.1.2 职业守则

(1)遵守法律、法规及各项规章制度等有关规定

(2)爱岗敬业、具有高度的使命感及责任心

(3)钻研业务,开拓创新,努力提高技术文化素质

(4)工作认真负责,具有良好的团队合作精神

(5)严格执行工作程序、工作规范、工作标准和安全操作规程

(6)安全生产,精检细修

(7)爱护设备及工具、仪器、仪表

(8)保持工作环境清洁有序,文明生产

2.2 基础知识

2.2.1 轨道交通基础知识

(1)轨道交通发展史

(2)车辆基本知识

(3)线路基本知识

(4)供电基本知识

(5)通信和信号基本知识

(6)行车组织基本知识

2.2.2 机械基础知识

(1)机械传动

(2)识图与绘图

(3)机械工器具的使用

(4)机械原理、机械零件

(5)液压与气动

(6)公差配合

(7)润滑油(脂)的牌号、性能及应用

(8)轴承的类型、结构与代号

(9)静力学的基本概念和刚体的受力分析

(10)平面力系

2.2.3 电工基础知识

(1)电路图及常用电气符号

(2)电子技术

(3)数字与模拟电路

(4)集成电路

(5)电工电子工器具的使用

(6)常用电子、电力零、部件的工作原理和使用要求

(7)常用控制电器的种类、结构、作用及使用要求

(8)常用电子、电力组件的结构和作用

(9)交、直流电机的结构和作用

(10)计算机可编程控制器

(11)操作系统知识

(12)常用应用软件知识

(13)测量技术

2.2.4 安全、环境和劳动保护知识

(1)《中华人民共和国安全生产法》相关知识

(2)环境、职业健康安全管理体系相关知识

(3)劳动保护相关知识

2.2.5 相关法律、法规和规章知识

(1)《中华人民共和国劳动法》相关知识

(2)《中华人民共和国职业病防治法》相关知识

(3)《中华人民共和国交通法》相关知识

(4)《中华人民共和国消防法》相关知识

(5)《地铁设计规范》相关知识

(6)《国家城市轨道交通运营突发事件应急预案》相关知识

(7)《城市轨道交通试运营基本条件》相关知识

(8)《城市轨道交通运营管理规范》相关知识

(9)其他与本职业相关的法律、法规和规章知识

3　工作要求

本标准对初级（五级）、中级（四级）、高级（三级）、技师（二级）、高级技师（一级）的技能要求依次递进，高级别涵盖低级别的要求。

3.1　初级（五级）

职业功能	工作内容	技能要求	相关知识
1 列车机械系统的检查	1.1 车体与车门的检查	1.1.1 能检查车体外观和内装状态 1.1.2 能检查、调试车体机械设备的连接状态、工作状态 1.1.3 能检查、润滑、清洁贯通道 1.1.4 能检查、清洁、润滑司机室侧门、通道门和紧急逃生门 1.1.5 能检查、清洁、润滑客室车门主要部件 1.1.6 能识别客室车门主要尺寸及技术参数	1.1.1 车体的基本类型及特征 1.1.2 车体内部结构和外部设备布置 1.1.3 列车车门的类型及作用 1.1.4 客室车门的基本结构 1.1.5 车门重要技术参数

续上表

职业功能	工作内容	技能要求	相关知识
1 列车机械系统的检查	1.2 车钩缓冲装置的检查	1.2.1 能区分各类型的车钩缓冲装置 1.2.2 能检查、清洁、润滑车钩缓冲装置及主要部件 1.2.3 能检查车钩钩头、缓冲器、对中装置功能 1.2.4 能识别车钩缓冲装置主要技术指标	1.2.1 车钩缓冲装置的用途和分类 1.2.2 车钩缓冲装置类型和基本结构 1.2.3 车钩缓冲装置重要技术参数
	1.3 转向架的检查	1.3.1 能区分各类型的转向架 1.3.2 能检查转向架主要部件的状态 1.3.3 能检查、清洁、润滑转向架常规零部件 1.3.4 能识别转向架主要技术指标	1.3.1 转向架的类型及特征 1.3.2 转向架的基本结构 1.3.3 转向架重要技术参数
	1.4 制动部件的检查	1.4.1 能检查、清洁、润滑制动系统主要部件 1.4.2 能检查空气压缩机、双塔干燥器的启停状态 1.4.3 能检查制动系统各控制调节阀 1.4.4 能检查基础制动装置状态 1.4.5 能识别制动系统主要技术指标	1.4.1 制动系统的组成及布局 1.4.2 制动系统各部件的形式及作用 1.4.3 气制动系统的组成及作用 1.4.4 制动系统重要技术参数

续上表

职业功能	工作内容	技能要求	相关知识
1 列车机械系统的检查	1.5 空调系统的检查	1.5.1 能检查司机室空调和客室空调功能 1.5.2 能检查、清洁空调系统主要部件 1.5.3 能清洁、更换空调过滤网 1.5.4 能检查空调制冷管路密封性	1.5.1 列车空调系统的类型及作用 1.5.2 司机室空调的特点及功能 1.5.3 客室空调的特点及功能 1.5.4 空调重要技术参数
2 列车牵引系统的检查	2.1 牵引系统设备的检查	2.1.1 能检查牵引系统设备的主要部件状态 2.1.2 能检查受流器部件状态 2.1.3 能检查、清洁受流器绝缘子和避雷器 2.1.4 能检查牵引系统设备的高速断路器、线路滤波电容、平波电抗器、制动电阻等主要部件的电缆接头、连接线状态 2.1.5 能检查牵引逆变器状态 2.1.6 能检查牵引电机进、出风功能	2.1.1 牵引系统设备的构成 2.1.2 受流器的种类及特点 2.1.3 牵引逆变器、高速断路器、牵引电机的作用 2.1.4 牵引系统设备重要技术参数

续上表

职业功能	工作内容	技能要求	相关知识
2 列车牵引系统的检查	2.2 牵引控制回路的检查	2.2.1 能检查、清洁主控制器及其机械连锁功能 2.2.2 能检查各类传感器及接线状态 2.2.3 能检查各类控制单元状态 2.2.4 能通过司机显示器判定相关子系统状态及当前故障信息 2.2.5 能检查司机室各开关（手柄）、仪表、设备柜、电子柜设备的接线情况和状态等 2.2.6 能检查列车网络系统状态	2.2.1 主控制器的类型和功能 2.2.2 司机室显示屏的类型及功能 2.2.3 列车控制系统的基本构成及功能 2.2.4 各种列车网络形式
3 列车辅助系统的检查	3.1 辅助供电设备的检查	3.1.1 能检查辅助逆变器状态 3.1.2 能检查蓄电池液位高度 3.1.3 能清洁蓄电池组及单体电池 3.1.4 能检查车间电源工作状态	3.1.1 辅助供电系统的基本构成 3.1.2 主蓄电池的基本功能 3.1.3 辅助逆变器的基本功能 3.1.4 辅助逆变器的基本电路结构

续上表

职业功能	工作内容	技能要求	相关知识
3 列车辅助系统的检查	3.2 辅助功能设备的检查	3.2.1 能集中设置客室温度 3.2.2 能设置客室广播 3.2.3 能检查乘客信息系统及司机室对讲、乘客紧急对讲功能 3.2.4 能检查列车火灾报警系统功能	3.2.1 空调控制系统的组成 3.2.2 乘客信息系统的组成 3.2.3 列车监控系统的组成

3.2 中级(四级)

职业功能	工作内容	技能要求	相关知识
1 列车机械系统的检测及故障处理	1.1 车体与车门的检测及故障处理	1.1.1 能检查、测量车体尺寸,如地板面高度等 1.1.2 能分解、组装贯通道 1.1.3 能使用专用测量工具对车门的零部件进行尺寸、防夹力等测量,并进行相应的尺寸调节 1.1.4 能使用软件下载、储存车门系统数据 1.1.5 能检测及处理车门简单故障	1.1.1 车体的重要技术参数 1.1.2 贯通道的基本结构 1.1.3 气动式车门与电动式车门的区别与特点 1.1.4 车门的重要性能指标

续上表

职业功能	工作内容	技能要求	相关知识
1 列车机械系统的检测及故障处理	1.2 车钩缓冲装置的检测及故障处理	1.2.1 能使用专用测量工具对车钩重要零部件进行测量 1.2.2 能检查、测量车钩高度 1.2.3 能检查、测量车钩对中性	1.3.1 车钩缓冲装置主要部件的形式和作用 1.3.2 车钩缓冲装置的类型和基本结构 1.3.3 车钩缓冲装置的重要性能指标
	1.3 转向架的检测及故障处理	1.3.1 能检查、测量构架尺寸、空气弹簧高度、高度调整装置参数 1.3.2 能使用专用测量工具，检查、测量轮对参数 1.3.3 能按检修作业规程要求，检查构架、轴箱及定位装置、车轮、制动装置、空气弹簧、阀、连接部等各部件状态及判断故障	1.3.1 转向架的部件组成、作用及特点 1.3.2 轮对的技术指标 1.3.3 转向架的重要性能指标

续上表

职业功能	工作内容	技能要求	相关知识
1 列车机械系统的检测及故障处理	1.4 制动部件的检测及故障处理	1.4.1 能检查、测量制动系统主要部件的关键尺寸 1.4.2 能检查闸瓦的安装及磨耗尺寸 1.4.3 能拆卸、安装闸瓦 1.4.4 能进行制动系统各空气管路的检查及故障处理 1.4.5 能使用软件下载、储存制动系统数据 1.4.6 能使用专用测量工具检测制动系统控制压力 1.4.7 能检测及处理制动部件简单故障	1.4.1 空气供应系统的基本结构 1.4.2 气制动控制系统的基本结构 1.4.3 基础制动装置的基本结构 1.4.4 制动系统重要性能指标
	1.5 空调系统的检测及故障处理	1.5.1 能对空调系统的零部件进行维护和保养 1.5.2 能检测空调制冷管路高低压 1.5.3 能使用软件下载、储存空调系统数据 1.5.4 能检测及处理空调系统简单故障	1.5.1 制冷系统的原理 1.5.2 空调四大件的形式及作用 1.5.3 空调的重要性能参数

续上表

职业功能	工作内容	技能要求	相关知识
2 列车牵引系统的检测及故障处理	2.1 牵引系统设备的检测及故障处理	2.1.1 能检查、测量牵引设备各部件的电路接线 2.1.2 能测量和更换受流器部件，并进行简单故障处理 2.1.3 能测量受流器（受电弓）升降弓时间及接触压力 2.1.4 能进行受流器、绝缘子绝缘测试 2.1.5 能进行避雷器耐压测试 2.1.6 能清洗、更换牵引逆变器冷却系统滤网 2.1.7 能检测牵引电机速度传感器 2.1.8 能检测及处理牵引系统设备简单故障	2.1.1 受流器、绝缘子、避雷器的基本结构 2.1.2 高速断路器的基本结构 2.1.3 牵引逆变器的基本结构 2.1.4 牵引电机的基本结构 2.1.5 牵引系统设备重要性能参数
	2.2 牵引控制回路的检测及故障处理	2.2.1 能根据综合线路图查找牵引控制回路各电器元件并检查其状态 2.2.2 能通过各个微机控制单元的网络接口进行故障信息下载	2.2.1 牵引控制单元的类型及功能 2.2.2 列车监控的基本构成及功能

续上表

职业功能	工作内容	技能要求	相关知识
2 列车牵引系统的检测及故障处理	2.2 牵引控制回路的检测及故障处理	2.2.3 能使用软件检测、调节牵引性能参数 2.2.4 能使用软件检测、调节电制动性能参数 2.2.5 能读取网络故障、判断故障代码 2.2.6 能检测及处理牵引控制回路简单故障	2.2.3 牵引控制回路的重要性能参数 2.2.4 列车网络故障代码及内容
3 列车辅助系统的检测及故障处理	3.1 辅助供电设备的检测及故障处理	3.1.1 能使用软件读取辅助逆变器故障并处理简单故障 3.1.2 能检查和更换辅助逆变器冷却系统滤网 3.1.3 能检查蓄电池液位高度、漏液、极柱腐蚀等故障并处理 3.1.4 能检测应急蓄电池故障并处理	3.1.1 蓄电池的基本结构 3.1.2 辅助逆变器的基本结构 3.1.3 辅助逆变器的冷却方式
	3.2 辅助功能设备的检测及故障处理	3.2.1 能根据综合线路图查找辅助控制系统各电器元件并检查其状态 3.2.2 能检查并处理客室照明故障，包括继电器、镇流器和灯管等	3.2.1 照明控制系统的组成及功能 3.2.2 车门控制系统的组成及功能

续上表

职业功能	工作内容	技能要求	相关知识
3 列车辅助系统的检测及故障处理	3.2 辅助功能设备的检测及故障处理	3.2.3 能检查并处理开关门故障 3.2.4 能判断空调系统控制故障 3.2.5 能检查乘客信息系统故障并处理 3.2.6 能使用软件读取并存储 CCTV 视频资料	3.2.3 空调系统的控制与监控 3.2.4 乘客信息系统的控制及监控

3.3　高级(三级)

职业功能	工作内容	技能要求	相关知识
1 列车机械系统的检修及故障处理	1.1 车体与车门的检修及故障处理	1.1.1 能更换、组装车体内的零部件 1.1.2 能更换贯通道的零部件及修复破损部位 1.1.3 能调整车体地板面高度 1.1.4 能使用工具检测、调整车门关键尺寸 1.1.5 能拆卸、安装、更换车门主要零部件，如门控电子单元等 1.1.6 能对车门系统进行常规调整、紧固、标记及润滑	1.1.1 车体内部和外部设备布局特征 1.1.2 贯通道的结构组成及特点 1.1.3 车体重要技术参数 1.1.4 车门重要部件的结构组成及特点 1.1.5 车门的关键尺寸 1.1.6 车门关键参数的控制

续上表

职业功能	工作内容	技能要求	相关知识
1 列车机械系统的检修及故障处理	1.2 车钩缓冲装置的检修及故障处理	1.2.1 能检测、调整车钩高度等关键尺寸 1.2.2 能更换车钩零部件 1.2.3 能更换车钩气路接口 1.2.4 能处理车钩简单故障	1.2.1 车钩缓冲装置重要部件的结构组成及特点 1.2.2 车钩缓冲装置的关键尺寸 1.2.3 车钩电气钩头关键参数的控制
	1.3 转向架的检修及故障处理	1.3.1 能检测、调整转向架关键尺寸 1.3.2 能对转向架充气部件进行气密性检查及处理 1.3.3 能对轴箱开盖并检修轴承 1.3.4 能安装、调整轴端速度传感器 1.3.5 能检查、更换轴端回流装置的碳刷 1.3.6 能拆卸、更换液压减振器 1.3.7 能使用专用工具对紧固件复扭力及损坏处理（断头、滑丝等）	1.3.1 转向架重要部件的结构组成及特点 1.3.2 转向架的关键尺寸 1.3.3 转向架关键参数的控制

续上表

职业功能	工作内容	技能要求	相关知识
1 列车机械系统的检修及故障处理	1.4 制动部件的检修及故障处理	1.4.1 能拆卸、分解、组装空气制动系统零部件 1.4.2 能调整闸瓦间隙 1.4.3 能进行空气制动系统各阀的检修与更换作业 1.4.4 能进行制动系统各空气管路的检查及故障处理 1.4.5 能进行空气供应装置、滤清器的清洗及更换作业	1.4.1 空气制动重要部件的结构组成及特点 1.4.2 空气制动的关键尺寸 1.4.3 空气制动关键参数的控制
	1.5 空调系统的检修及故障处理	1.5.1 能拆卸、组装空调零部件 1.5.2 能使用常用或专用的测量工具对空调机组的零部件进行测量、测试	1.5.1 车辆空调装置重要部件的结构组成及特点 1.5.2 空调关键参数的控制
2 列车牵引系统的检修及故障处理	2.1 牵引系统设备的检修及故障处理	2.1.1 能对牵引系统设备进行拆装、更换及保养 2.1.2 能使用常用工具、专用工具、仪器设备对牵引设备进行测量	2.1.1 受流器的检测与调试 2.1.2 牵引逆变器的组成及控制原理 2.1.3 牵引逆变器常见故障分析及处理

续上表

职业功能	工作内容	技能要求	相关知识
2 列车牵引系统的检修及故障处理	2.1 牵引系统设备的检修及故障处理	2.1.3 能处理受流器(受电弓)上升位置异常、不升弓、不降弓故障 2.1.4 能检查牵引逆变器各模块状态并判断故障 2.1.5 能进行牵引系统设备绝缘测试,如高速断路器等 2.1.6 能使用专用软件对牵引设备进行检测、调试 2.1.7 能检查牵引电动机状态并判断故障	2.1.4 牵引逆变器的检测与调试 2.1.5 牵引电制动电路过压、欠压保护的构成和原理 2.1.6 牵引电动机结构及主要性能参数
	2.2 牵引控制回路的检修及故障处理	2.2.1 能判断制动不缓解故障 2.2.2 能判断高速断路器非正常分断故障 2.2.3 能判断无牵引力故障 2.2.4 能排除驾驶室设备故障 2.2.5 能判断并排除速度传感器故障 2.2.6 能使用 EUR 卡读取事件记录仪,查找并处理接触不良等简单故障	2.2.1 高速断路器的常见故障处理 2.2.2 高速断路器的检测与调试 2.2.3 牵引控制回路设计原则 2.2.4 牵引控制回路综合线路图及布线图 2.2.5 列车网络 MVB 协议及端口形式

续上表

职业功能	工作内容	技能要求	相关知识
3 列车辅助系统的检修及故障处理	3.1 辅助供电设备的检修及故障处理	3.1.1 能对辅助供电设备进行拆装、更换及保养 3.1.2 能读取并判断辅助逆变器故障 3.1.3 能检查、处理辅助系统的接触器、继电器等故障 3.1.4 能检查、处理蓄电池故障 3.1.5 能进行蓄电池性能试验	3.1.1 辅助供电系统的功能 3.1.2 主蓄电池的性能特点 3.1.3 辅助逆变器的基本功能与负载 3.1.4 辅助逆变器的监控与保护
	3.2 辅助功能设备的检修及故障处理	3.2.1 能处理乘客信息系统广播、司机室对讲、乘客紧急对讲故障 3.2.2 能处理车内外LCD、LED显示屏故障 3.2.3 能处理列车内部和外部照明控制故障 3.2.4 能处理空调制冷、通风控制故障 3.2.5 能处理车门回路故障	3.2.1 乘客信息系统的工作原理及故障处理方法 3.2.2 显示屏原理及性能试验方法 3.2.3 列车照明系统工作原理及故障处置 3.2.4 空调控制回路的原理 3.2.5 车门控制回路的原理

3.4 技师(二级)

职业功能	工作内容	技能要求	相关知识
1 列车机械系统的故障处理	1.1 车体与车门的故障处理	1.1.1 能使用工具对车体重要尺寸测量及判断故障 1.1.2 能处理车门故障并进行功能测试 1.1.3 能拆装、更换车门主要部件，如门叶、驱动电机等	1.1.1 车体的关键尺寸 1.1.2 客室车门的基本结构和原理 1.1.3 客室车门的电气控制原理
	1.2 车钩缓冲装置的故障处理	1.2.1 能使用工具对车钩缓冲装置重要尺寸测量及判断故障 1.2.2 能使用专用工具拆装车钩缓冲装置主要部件	1.2.1 车钩缓冲装置的“三态”原理 1.2.2 车钩缓冲装置重要部件的基本原理
	1.3 转向架的故障处理	1.3.1 能根据检修要求选配转向架的主要零部件 1.3.2 能主导轮对更换或转向架更换工作	1.3.1 转向架重要部件的基本原理 1.3.2 转向架零部件的状态

续上表

职业功能	工作内容	技能要求	相关知识
1 列车机械系统的故障处理	1.4 制动系统的故障处理	1.4.1 能检测、调整制动各阀的整定值 1.4.2 能处理空气供应装置故障并进行功能测试 1.4.3 能处理紧急制动故障并进行功能测试 1.4.4 能处理常用制动故障并进行功能测试 1.4.5 能处理停放制动故障并进行功能测试	1.4.1 空气制动主要部件的基本原理 1.4.2 制动的电气控制原理
	1.5 空调系统的故障处理	1.5.1 能处理空调通风机、冷凝风机、压缩机等主要部件故障 1.5.2 能处理制冷剂漏泄故障 1.5.3 能处理空调系统高低压开关故障	1.5.1 制冷系统的基本原理 1.5.2 车辆空调装置重要部件的基本原理 1.5.3 车辆空调装置的电气控制原理

续上表

职业功能	工作内容	技能要求	相关知识
2 列车牵引系统的故障处理	2.1 牵引系统设备的故障处理	2.1.1 能进行整个受流器性能检测试验,包括动作试验、静态压力特性试验等 2.1.2 能处理受流器、高速断路器、高压保护装置、牵引逆变器、制动电阻、牵引电动机等故障 2.1.3 能进行高速断路器、高压保护装置、牵引逆变器、制动电阻、牵引电动机等性能测试 2.1.4 能对牵引逆变器的测试数据进行分析,完成试验报告	2.1.1 牵引主回路原理图及布线图识读 2.1.2 牵引主回路各部件性能试验测试方法 2.1.3 牵引逆变器各模块常见故障分析与处理
	2.2 牵引控制回路的故障处理	2.2.1 能处理牵引控制电路故障 2.2.2 能处理制动控制电路故障 2.2.3 能处理受流器控制电路故障 2.2.4 能处理高速断路器分断控制电路故障 2.2.5 能处理列车网络控制系统故障	2.2.1 牵引控制回路控制原理图及布线图识读 2.2.2 制动控制系统的工作原理 2.2.3 受流器及高速断路器的故障总结与分析 2.2.4 列车网络控制系统结构与原理

续上表

职业功能	工作内容	技能要求	相关知识
3 列车辅助系统的故障处理	3.1 辅助供电设备的故障处理	3.1.1 能汇总辅助供电设备检修中的异常状况,制定检修方案 3.1.2 能处理辅助系统供电回路故障 3.1.3 能对蓄电池、辅助逆变器进行检测和调试 3.1.4 能对蓄电池、辅助逆变器的测试数据进行分析,完成试验报告	3.1.1 辅助系统供电回路故障处理与分析 3.1.2 辅助供电系统负载故障处理与分析 3.1.3 辅助逆变器的监控和保护 3.1.4 辅助逆变器的检修与故障分析处理
	3.2 辅助功能设备的故障处理	3.2.1 能分析列车乘客信息系统故障 3.2.2 能处理和分析车钩监控回路故障 3.2.3 能处理和分析车门监控回路故障 3.2.4 能处理和分析空调控制回路故障 3.2.5 能处理和分析照明回路故障	3.2.1 乘客信息系统故障与分析方法 3.2.2 辅助控制系统电路的工作原理 3.2.3 辅助控制系统电路原理图及布线图识读

续上表

职业功能	工作内容	技能要求	相关知识
4 培训指导	4.1 技术培训	4.1.1 能对高级及以下城市轨道交通列车检修工进行安全、技术培训 4.1.2 技术过硬，能进行质量、应急等相关培训 4.1.3 能借助外语词典查阅技术文献	4.1.1 相关的安全教育知识 4.1.2 故障应急处置预案 4.1.3 相关检修作业指导文件
	4.2 专业指导	4.2.1 能对高级及以下城市轨道交通列车检修工进行专业技术指导 4.2.2 能设计培训课程，制订培训教案	4.2.1 企业员工培训知识 4.2.2 培训计划的制订 4.2.3 培训项目的管理 4.2.4 培训授课技巧

3.5　高级技师（一级）

职业功能	工作内容	技能要求	相关知识
1 检修与故障处理	1.1 系统检修	1.1.1 能熟练运用专门技能和特殊技能完成列车机械系统的检修工作	1.1.1 机械系统的构成及原理 1.1.2 机械系统的检修规程

续上表

职业功能	工作内容	技能要求	相关知识
1 检修与故障处理	1.1 系统检修	1.1.2 能熟练运用专门技能和特殊技能完成列车牵引系统的检修工作 1.1.3 能熟练运用专门技能和特殊技能完成列车辅助系统的检修工作 1.1.4 能检验各系统的检修质量,消除故障隐患 1.1.5 能设计和运用测试设备对列车系统、部件进行功能检测与试验,并分析试验结果,完成试验报告	1.1.3 牵引系统的构成及原理 1.1.4 牵引系统的检修规程 1.1.5 辅助系统的构成及原理 1.1.6 辅助系统的检修规程 1.1.7 专用工器具和设施设备的使用
	1.2 故障处理	1.2.1 能独立处理和解决列车各系统的复杂故障 1.2.2 能分析列车异常情况原因 1.2.3 能组织、指导列车复杂故障的分析和处理	1.2.1 机械系统的故障原理分析 1.2.2 牵引系统的故障原理分析 1.2.3 辅助系统的故障原理分析 1.2.4 综合线路图、综合布线图和气路图的识读

续上表

职业功能	工作内容	技能要求	相关知识
2 技术管理	2.1 编制检修计划	2.1.1 能按照生产实际要求,编写检修计划 2.1.2 能编制列车专项检修的作业指导书,包括实施步骤、作业方法,并对检测设备提出技术要求 2.1.3 能按质量管理体系文件要求指导检修工作 2.1.4 能制定生产中的安全措施,并提出保障安全的建议和措施 2.1.5 能指导完成列车静态、动态调试	2.1.1 列车技术管理知识 2.1.2 列车安全保障体系相关知识 2.1.3 质量管理体系相关知识
	2.2 制定整改方案	2.2.1 能编制列车专项改造计划 2.2.2 能编制列车技术改造方案和国产化方案 2.2.3 能设计和改进列车关键零部件检修专用工具和设备 2.2.4 能对列车关键零部件检修工艺进行评价,并提出书面整改意见和实施要点 2.2.5 能针对惯性故障进行分析,提出解决方案	2.2.1 机械系统检修工艺及作业规程相关知识 2.2.2 牵引系统检修工艺及作业规程相关知识 2.2.3 辅助系统检修工艺及作业规程相关知识 2.2.4 技改技措方案设计相关知识

续上表

职业功能	工作内容	技能要求	相关知识
2 技术管理	2.3 系统接口维护	2.3.1 能分析信号车载系统与车辆的接口功能及控制方式 2.3.2 能分析受流器和接触网（轨）接口对车辆运行的影响及控制方法 2.3.3 能分析、处理弓网冲突常见故障 2.3.4 能分析限界关键参数对车辆运行的影响及控制方式 2.3.5 能分析、处理轮轨关系常见故障 2.3.6 能分析、处理车站屏蔽门与列车车门接口常见故障	2.3.1 车载信号系统与车辆相关接口知识 2.3.2 供电系统与车辆相关接口知识 2.3.3 线路与车辆相关接口知识 2.3.4 车站机电设备与车辆相关接口知识
3 培训指导	3.1 技术培训	3.1.1 能对技师及以下城市轨道交通列车检修工进行安全、技术培训 3.1.2 能借助外语词典查阅技术文献	3.1.1 安全教育相关知识 3.1.2 相关检修作业指导文件 3.1.3 车辆图纸及综合线路图相关知识

续上表

职业功能	工作内容	技能要求	相关知识
3 培训指导	3.2 专业指导	3.2.1 能对技师及以下城市轨道交通列车检修工进行专业技术指导 3.2.2 能设计培训课程,制定培训教案 3.2.3 能制作培训课件	3.2.1 企业员工培训知识 3.2.2 培训课程开发知识 3.2.3 培训项目的管理 3.2.4 培训授课技巧

4 比 重 表

4.1 理论知识

项目		初级（%）	中级（%）	高级（%）	技师（%）	高级技师（%）
基本要求	基础知识(公共知识)	10	10	10	10	10
相关知识	列车机械系统	30	30	30	20	—
	列车牵引系统	25	25	25	20	—
	列车辅助系统	25	25	25	20	—
	检修与故障处理	10	10	10	10	35
	技术管理	—	—	—	—	35
	培训指导	—	—	—	20	20
合计		100	100	100	100	100

4.2 技能操作

项目		初级(%)	中级(%)	高级(%)	技师(%)	高级技师(%)
技能要求	列车机械系统	40	30	30	20	—
	列车牵引系统	30	30	30	20	—
	列车辅助系统	30	30	30	20	—
	检修与故障处理	—	10	10	20	40
	技术管理	—	—	—	—	40
	培训指导	—	—	—	20	20
合计		100	100	100	100	100

城市轨道交通(跨座式单轨)列车检修工职业技能标准

1 职业概况

1.1 职业名称

城市轨道交通(跨座式单轨)列车检修工。

1.2 职业定义

从事跨座式单轨电动列车检修、维护、调试工作的人员。

1.3 职业等级

本职业共设五个等级,分别为:初级(五级)、中级(四级)、高级(三级)、技师(二级)、高级技师(一级)。

1.4 职业环境

隧道,地面,高架,室内、外,高温、低温、常温,噪声。

1.5 职业能力特征

具有语言表达以及对事物的分析和判断能力;手指、

手臂灵活，动作协调性好；有空间想象及一般计算能力；心理及身体素质良好，无职业禁忌症（恐高症、心脏病、高血压、癫痫症等）；听力及辨色力正常，双眼矫正视力不低于5.0。

1.6 基本文化程度

高中毕业（或同等学历）。

1.7 培训要求

1.7.1 培训期限

全日制职业学校教育，根据其培养目标和教学计划确定。晋级培训期限：初级不少于300标准学时；中级不少于200标准学时；高级不少于180标准学时；技师不少于120标准学时；高级技师不少于60标准学时。

1.7.2 培训教师

培训初、中级的教师应具有本职业高级及以上职业资格证书或相关专业初级及以上专业技术职务任职资格；

培训高级的教师应具有本职业技师及以上职业资格证书或相关专业的中级及以上专业技术职务任职资格；

培训技师的教师应具有本职业高级技师职业资格证书或本专业的高级专业技术职务任职资格；

培训高级技师的教师应具有本职业高级技师职业资格证书2年及以上或本专业的高级专业技术职务任职资格2年及以上。

1.7.3 培训场地设备

满足教学需要的标准教室,技能培训基地、演练场或作业现场,有必要的的设备、工具、量具、仪表、仪器等。

1.8 鉴定要求

1.8.1 适用对象

从事或准备从事本职业的人员。

1.8.2 申报条件

——初级(五级)

在本企业从事本职业工作,并具备以下条件之一者:

(1)经本职业初级(五级)正规培训达到规定标准学时数,并取得结业证书;

(2)本职业学徒期满;

(3)连续从事本职业工作1年及以上。

——中级(四级)

在本企业从事本职业工作,并具备以下条件之一者:

(1)取得本职业初级(五级)职业资格证书后,连续从事本职业工作满3年及以上,经本职业中级(四级)正规培训达到规定标准学时数,并取得结业证书;

(2)取得本职业初级(五级)职业资格证书后,连续从事本职业工作满4年及以上;

(3)具有本专业或相关专业中专及以上学历,在本职业连续工作满1年及以上;

(4)具有本专业或相关专业大专及以上学历;

(5)连续从事本职业工作6年及以上。

——高级(三级)

在本企业从事本职业工作,并具备以下条件之一者:

(1)取得本职业中级(四级)职业资格证书后,连续从事本职业工作满 3 年及以上,经本职业高级(三级)正规培训达到规定标准学时数,并取得结业证书;

(2)取得本职业中级(四级)职业资格证书后,连续从事本职业工作满 4 年及以上;

(3)具有本专业或相关专业本科及以上学历,在本职业连续工作满 1 年及以上;

(4)具有本专业或相关专业研究生及以上学历。

——技师(二级)

在本企业从事本职业工作,并具备以下条件之一者:

(1)取得本职业高级(三级)职业资格证书后,连续从事本职业工作满 5 年及以上,经本职业技师(二级)正规培训达到规定标准学时数,并取得结业证书;

(2)取得本职业高级(三级)职业资格证书后,连续从事本职业工作满 6 年及以上。

——高级技师(一级)

在本企业从事本职业工作,并具备以下条件之一者:

(1)取得本职业技师(二级)职业资格证书后,连续从事本职业工作满 3 年及以上,经本职业高级技师(一级)正规培训达到规定标准学时数,并取得结业证书;

(2)取得本职业技师(二级)职业资格证书后,连续从事本职业工作满 4 年及以上。

1.8.3 鉴定方式

分为理论知识考试和技能操作考核。理论知识考试采用闭卷笔试或上机考试的方式,技能操作考核采用现场实际操作方式。理论知识考试和技能操作考核均实行百分制,成绩皆达 60 分及以上者为合格。技师、高级技师还须进行综合评审。

1.8.4 考评人员与考生配比

理论知识考试中的监考人员与考生配比为 1∶15,每个标准教室不少于 2 名监考人员;操作技能考核中的考评人员与考生配比为 1∶5,且不少于 3 名考评人员。综合评审委员不少于 5 人。

1.8.5 鉴定时间

理论知识考试时间为 90 min,技能操作考核时间按实际需要和考核项目确定,原则上不少于 40 min,综合评审时间不少于 45 min。

1.8.6 鉴定场所设备

理论知识考试在标准教室进行。技能操作考核在职业技能鉴定基地、演练场或作业现场进行,场地条件及工具、量具、仪表、仪器等应满足实际操作需求,同时符合环境保护、劳动保护、安全和消防等各项要求,可酌情配设辅助操作人员。

2　基本要求

2.1　职业道德

2.1.1 职业道德基本要求

(1)热爱祖国,热爱本职工作

(2)刻苦学习,钻研技术

(3)爱岗敬业,具有高度的责任心

(4)遵守纪律,文明生产

(5)尊师爱徒,严守岗位职责

2.1.2 职业守则

(1)遵守法律、法规和有关规定

(2)严格执行工作程序、工作规范、工作标准和安全操作规程

(3)工作认真负责,具有高度责任感和良好的团队合作精神

(4)爱护设备及工具、夹具、刀具、量具和仪器、仪表

(5)着装整洁,符合规定

(6)保持工作环境清洁有序,文明生产

2.2　基础知识

2.2.1 城市轨道交通概论相关知识

(1)城市轨道交通的产生与发展

(2)城市轨道交通的概念、分类

(3)城市轨道交通的优缺点

2.2.2 基础理论知识

(1)电工基础知识

(2)电子技术知识

(3)机械识图、制图的知识

(4)机械连接、传动、摩擦及损伤知识

(5)钳工的测量、划线、錾削、锯割、钻孔、攻丝、套螺纹、刮削、研磨等知识

(6)车辆基础知识

(7)车辆电气原理图及接线图知识

(8)轨道交通运营的基本知识

(9)车辆检修规程有关规定

(10)车辆检修工艺有关规定

(11)车辆段安全检修技术有关规定

(12)车辆行车事故处理预案有关规定

2.2.3 设备、工具的使用与维护知识

(1)电气检测仪器、仪表的使用与维护知识

(2)钳工常用设备、工具、量具、仪表的名称、规格、用途、使用方法和维护知识

(3)电工常用工具的使用与维护知识

(4)配件拆卸、安装工具的使用与维护知识

(5)车辆设施设备试验台的使用与维护知识

2.2.4 相关法律、法规和规章知识

(1)《中华人民共和国劳动法》相关知识

(2)《中华人民共和国安全生产法》相关知识
(3)《中华人民共和国消防法》相关知识
(4)《中华人民共和国环境保护法》相关知识
(5)《城市轨道交通试运营基本条件》相关知识
(6)《城市轨道交通运营管理规范》相关知识
(7)《跨座式单轨交通车辆通用技术条件》相关知识
(8)其他与本岗位相关的法律、法规和规章知识

3 工作要求

本标准对初级（五级）、中级（四级）、高级（三级）、技师（二级）、高级技师（一级）的技能要求依次递进，高级别涵盖低级别的要求。

3.1 初级（五级）

职业功能	工作内容	技能要求	相关知识
1 设施设备分解组装	1.1 单轨车转向架及其安装部件拆卸、组装	1.1.1 能测量单轨车受电弓滑块厚度，能拆卸、安装滑块 1.1.2 能拆卸、安装单轨车受电弓的缓冲支座 1.1.3 能拆卸、安装单轨车转向架制动闸片	1.1.1 单轨车受电弓的构造原理、作用及检修工艺 1.1.2 单轨车转向架制动盘、制动闸片的构造及作用
	1.2 单轨车照明系统部件及幅流风机拆卸、安装	1.2.1 能拆卸、安装单轨车照明灯具、幅流风机	1.2.1 单轨车照明系统、幅流风机结构及原理
2 设施设备检修调试	2.1 单轨车转向架检查、测量	2.1.1 能检查单轨车转向架上各部件的安装状态	2.1.1 单轨车转向架的构造分布、功能和技术要求

续上表

职业功能	工作内容	技能要求	相关知识
2 设施设备检修调试	2.1 单轨车转向架检查、测量	2.1.2 能测量单轨车空气弹簧高度、检查空气弹簧的技术状态 2.1.3 能测量单轨车转向架橡胶轮胎沟槽深度和轮胎胎压；能对橡胶轮胎进行加、补气和外观检查 2.1.4 能检查、测量单轨车制动盘、制动闸片的磨耗状态及厚度	2.1.2 单轨车橡胶轮胎的技术要求 2.1.3 单轨车胎压检测装置的构造及作用 2.1.4 基础制动部件的构造及功能作用
	2.2 单轨车牵引、辅助供电系统检查	2.2.1 能检查单轨车牵引、辅助供电设备的安装状态，能清洁设备的相关部位 2.2.2 能测量蓄电池电压，能进行蓄电池补水作业	2.2.1 单轨车牵引逆变器及辅助逆变器维护保养工艺 2.2.2 单轨车电气设备维护保养工艺 2.2.3 电工的基本知识
	2.3 单轨车司机室及车厢设备检查	2.3.1 能检查空调、车门等车厢设备的安装状态并进行功能测试 2.3.2 能检查司机室设备的安装状态并进行功能测试 2.3.3 能检查裙板及骨架安装状态 2.3.4 能检查贯通道、风挡、渡板的安装状态	2.3.1 单轨车结构和设备布置及其功能原理 2.3.2 单轨车司机室电气设备维护保养工艺 2.3.3 单轨车辆裙板及骨架的结构 2.3.4 风挡、渡板的构造及作用

续上表

职业功能	工作内容	技能要求	相关知识
2 设施设备检修调试	2.4 单轨车标准化检车	2.4.1 能根据单轨车标准化列检作业指导书进行车下检车 2.4.2 能根据单轨车标准化列检作业指导书进行车上检车	2.4.1 单轨车标准化列检作业指导书
3 故障处理	3.1 单轨车转向架故障处理	3.1.1 能处理单轨车转向架橡胶轮胎胎压异常故障 3.1.2 能处理单轨车受电弓滑块故障 3.1.3 能更换转向架制动闸片	3.1.1 单轨车胎压检测装置的构造及作用 3.1.2 单轨车受电弓的检修工艺 3.1.3 单轨车制动系统基础知识
	3.2 单轨车照明电路故障处理	3.2.1 能处理照明灯具、仪表、开关插座故障	3.2.1 单轨车辆照明电路原理 3.2.2 单轨车仪表指示灯原理
	3.3 单轨车空调系统故障处理	3.3.1 能处理单轨车空调过滤网故障	3.3.1 单轨车空调机组检修工艺

3.2 中级(四级)

职业功能	工作内容	技能要求	相关知识
1 设施设备分解组装	1.1 单轨车转向架及其安装部件拆卸、安装	1.1.1 能更换单轨车走行轮、水平轮橡胶轮胎 1.1.2 能进行橡胶走行轮胎胎压检测装置的拆卸、组装 1.1.3 能更换单轨车受电弓的关节轴承	1.1.1 单轨车走行轮、水平轮的结构、更换标准及安装技术要求 1.1.2 走行轮胎胎压检测装置的功能及结构 1.1.3 单轨车受电弓的构造原理、作用及检修工艺
	1.2 单轨车牵引系统部件拆卸、安装	1.2.1 能更换牵引系统的控制逻辑部件 1.2.2 能更换牵引系统继电器和接触器	1.2.1 单轨车牵引逆变器组成部件及功能 1.2.2 单轨车电气设备维护保养工艺 1.2.3 电工的基础知识
	1.3 单轨车司机室及车厢设备部件拆卸、安装	1.3.1 能拆卸、组装空调、车门等车厢设备的关键部件并进行系统功能测试 1.3.2 能拆卸、组装驾驶台主控制器、广播系统等司机室设备并进行功能测试	1.3.1 单轨车车门、空调的基本结构和作用及维护工艺 1.3.2 单轨车主控制器、广播系统的组成及维护工艺 1.3.3 单轨车电气设备维护保养工艺

续上表

职业功能	工作内容	技能要求	相关知识
2 设施设备检修调试	2.1 单轨车转向架检查测试	2.1.1 能进行转向架橡胶轮胎轴向跳动量及其余部件技术参数的检查、调整 2.1.2 能进行空气制动状态检查	2.1.1 单轨车橡胶轮胎的技术要求 2.1.2 单轨车转向架的构造分布、功能和技术
	2.2 单轨车牵引、辅助供电系统检修调试	2.2.1 能进行牵引系统及辅助供电系统试验 2.2.2 能对断路器、继电器、接触器等进行检查试验 2.2.3 能对牵引、辅助系统控制回路进行检测 2.2.4 能检查牵引电机、蓄电池技术状态	2.2.1 单轨车牵引、辅助系统组成结构及原理 2.2.2 单轨车电气设备维护保养工艺 2.2.3 电工的基础知识 2.2.4 单轨车牵引电机结构原理及功能
	2.3 单轨车司机室及车厢设备检查测试	2.3.1 能检查、调整司机室广播主机系统功能 2.3.2 能检查、调整车门系统功能 2.3.3 能检查、调整空调系统功能 2.3.4 能检查、调整密接式车钩左右摆动角度	2.3.1 单轨车广播系统设备的组成及作用 2.3.2 单轨车客室车门的基本结构和作用 2.3.3 单轨车空调机组检修工艺 2.3.4 单轨车密接式车钩功能

续上表

职业功能	工作内容	技能要求	相关知识
3 故障处理	3.1 单轨车转向架故障处理	3.1.1 能处理橡胶轮胎及其胎压检测装置故障 3.1.2 能处理空气弹簧故障 3.1.3 能处理基础制动故障	3.1.1 单轨车橡胶轮胎及胎压检测装置的技术要求 3.1.2 单轨车空气弹簧的技术要求 3.1.3 单轨车空油变换器的构造及功能作用
	3.2 单轨车牵引、辅助供电系统故障处理	3.2.1 能处理牵引及辅助回路的简单故障 3.2.2 能更换牵引及辅助系统故障部件	3.2.1 单轨车电气原理 3.2.2 单轨车牵引、辅助系统结构功能 3.2.3 单轨车电气设备维护保养工艺 3.2.4 电工的基础知识
	3.3 单轨车司机室及车厢设备故障处理	3.3.1 能处理空调机组简单故障 3.3.2 能处理车门驱动装置故障 3.3.3 能处理广播系统板卡设备故障	3.3.1 单轨车空调机组检修工艺 3.3.2 单轨车客室车门的基本结构和作用 3.3.3 单轨车广播系统的组成及作用

3.3 高级(三级)

职业功能	工作内容	技能要求	相关知识
1 设施设备分解组装	1.1 单轨车转向架及其安装部件拆卸、组装	1.1.1 能进行转向架走行轮、水平轮轴箱的拆卸、组装 1.1.2 能进行中央悬挂装置的拆卸、组装 1.1.3 能完整拆卸、安装单轨车受电弓	1.1.1 单轨车转向架走行轮、水平轮轴箱的构造及组成 1.1.2 单轨车转向架中央悬挂装置的组成和技术标准 1.1.3 单轨车受电弓检修工艺
	1.2 单轨车牵引系统部件拆卸、组装	1.2.1 能进行牵引系统部件拆卸、组装 1.2.2 能进行牵引电机拆卸、组装	1.2.1 单轨车牵引系统部件组成原理 1.2.2 单轨车电气设备维护保养工艺
	1.3 单轨车制动系统部件拆卸、组装	1.3.1 能进行空气压缩机分解、组装 1.3.2 能进行空气制动阀件分解、组装 1.3.3 能进行各类制动空气管路的拆卸、组装	1.3.1 空气压缩机的结构及功能 1.3.2 单轨车辆各类空气制动阀件结构及功能 1.3.3 单轨车车下管路及阀类分布、结构作用

续上表

职业功能	工作内容	技能要求	相关知识
1 设施设备分解组装	1.4 单轨车司机室及车厢设备部件拆卸、组装	1.4.1 能拆卸、安装单轨车车门系统，并进行功能测试 1.4.2 能进行密接式车钩拆卸、组装、调试 1.4.3 能进行棒式车钩拆卸、组装、调试 1.4.4 能进行裙板、裙板骨架的拆卸、组装	1.4.1 单轨车车门系统的基本结构和作用 1.4.2 单轨车密接式车钩结构和作用 1.4.3 单轨车棒式车钩结构和作用 1.4.4 单轨车裙板的功能及结构
2 设施设备检修调试	2.1 单轨车转向架检修调试	2.1.1 能检查转向架构架是否存在开裂、损伤、变形、尺寸超差等异常情况 2.1.2 能进行空气弹簧气密性试验 2.1.3 能检查、调整中央悬挂装置技术状态 2.1.4 能测量、调整走行轮芯及水平轮芯安装轴承的轴向游隙	2.1.1 单轨车转向架的构造分布、功能和技术要求 2.1.2 单轨车空气弹簧的技术要求 2.1.3 单轨车中央悬挂装置组成及技术标准 2.1.4 单轨车走行轮芯及水平轮芯安装技术标准
	2.2 单轨车牵引、辅助供电系统检修调试	2.2.1 能组织进行列车牵引、辅助系统控制试验 2.2.2 能读取、分析单轨车牵引、辅助系统故障数据	2.2.1 单轨车牵引、辅助系统检修工艺 2.2.2 单轨车电气设备维护保养工艺

续上表

职业功能	工作内容	技能要求	相关知识
2 设施设备检修调试	2.2 单轨车牵引、辅助供电系统检修调试	2.2.3 能完成电机各项性能试验	2.2.3 单轨车牵引电机实验方案
	2.3 单轨车制动系统检修调试	2.3.1 能检查各类空气制动阀工作状态 2.3.2 能检查空气压缩机工作状态 2.3.3 能调试制动控制装置性能 2.3.4 能进行单节车厢制动试验	2.3.1 单轨车辆各类空气制动阀件结构及功能 2.3.2 空气压缩机的结构及功能 2.3.3 单轨车制动原理
	2.4 单轨车司机室及车厢设备检查调试	2.4.1 能进行车辆救援连挂试验 2.4.2 能检查监控系统的功能及技术状态 2.4.3 能检查、调试车钩装置各项技术状态 2.4.4 能检测空调机组的各项技术参数	2.4.1 单轨车救援连挂试验工艺 2.4.2 单轨车监控系统设备的组成及作用 2.4.3 单轨车车钩装置结构和技术标准 2.4.4 单轨车空调检修、性能试验工艺
3 故障处理	3.1 单轨车转向架故障处理	3.1.1 能判断、处理齿轮箱等部件的常见故障	3.1.1 单轨车转向架的组成和主要技术参数

续上表

职业功能	工作内容	技能要求	相关知识
3 故障处理	3.2 单轨车牵引、辅助供电系统故障处理	3.2.1 能判断处理单轨车车体带电故障 3.2.2 能判断处理单轨车无牵引故障 3.2.3 能判断、处理牵引电机过流故障 3.2.4 能判断、处理辅助系统不启动故障	3.2.1 单轨车电气原理 3.2.2 单轨车牵引、辅助系统组成及功能原理 3.2.3 单轨车牵引、辅助系统检修工艺 3.2.4 单轨车电气设备维护保养工艺
	3.3 单轨车制动装置故障处理	3.3.1 能判断、处理空气压缩机常见故障 3.3.2 能判断、处理制动不缓解故障	3.3.1 单轨车空气压缩机的结构及功能 3.3.2 单轨车制动原理
	3.4 单轨车司机室及车厢设备故障处理	3.4.1 能处理监控系统设备网络综合故障 3.4.2 能判断、处理空调变频器故障 3.4.3 能判断、处理车钩异响故障 3.4.4 能判断、处理车门系统故障	3.4.1 单轨车监控系统设备的组成及作用 3.4.2 单轨车空调检修工艺 3.4.3 单轨车车钩装置构造原理及主要技术参数 3.4.4 单轨车客室车门的基本结构和作用

续上表

职业功能	工作内容	技能要求	相关知识
4 落成校验	4.1 单轨车转向架装置落成检查	4.1.1 能按技术要求检查单轨车转向架	4.1.1 单轨车转向架质量验收标准
	4.2 单轨车车辆设备落成检查	4.2.1 能按技术要求检验车辆各项设备 4.2.2 能进行新造车、重大修竣工车交接	4.2.1 单轨车车辆设备检查作业流程及质量卡控要点 4.2.2 单轨车车辆检修规程 4.2.3 单轨车交验管理办法

3.4 技师(二级)

职业功能	工作内容	技能要求	相关知识
1 故障处理	1.1 单轨车转向架故障处理	1.1.1 能判断、处理转向架异响等疑难故障	1.1.1 单轨车转向架构造原理及主要技术参数
	1.2 单轨车牵引、辅助系统故障处理	1.2.1 能判断、处理牵引控制系统、辅助控制系统的疑难故障 1.2.2 能判断、处理牵引主回路的疑难故障 1.2.3 能判断、处理蓄电池疑难故障	1.2.1 单轨车牵引、辅助系统检修工艺 1.2.2 单轨车电气设备维护保养工艺 1.2.3 电工知识

续上表

职业功能	工作内容	技能要求	相关知识
1 故障处理	1.3 单轨车制动系统故障处理	1.3.1 能判断、处理制动系统疑难故障	1.3.1 单轨车制动系统检修工艺 1.3.2 单轨车制动系统维护保养工艺 1.3.3 电工知识
	1.4 单轨车车体设备故障处理	1.4.1 能判断、处理车体骨架开裂变形、车体倾斜等重大故障 1.4.2 能诊断、排除单轨车车体底架故障	1.4.1 单轨车车体设备原理及主要技术参数
2 落成校验	2.1 单轨车转向架装置落成检查	2.1.1 能组织和验收车辆转向架装置竣工质量	2.1.1 单轨车转向架质量鉴定和验收标准
	2.2 单轨车车辆电气装置落成检查	2.2.1 能检测车辆电气系统工作状态及故障情况 2.2.2 能组织和验收车辆电气装置竣工质量	2.2.1 单轨车电气系统质量鉴定和验收标准
3 技术管理	3.1 单轨车检修过程管理	3.1.1 能编制单轨车检修作业标准 3.1.2 能进行车辆加装改造 3.1.3 能调查、分析、处理事故并提出预防措施	3.1.1 劳动定额与劳动生产率相关知识 3.1.2 故障分析报告的内容和写作方法

续上表

职业功能	工作内容	技能要求	相关知识
3 技术管理	3.1 单轨车检修过程管理	3.1.4 能对故障车辆提出施工、检修方案和材料预算明细	3.1.3 作业指导书的编写方法 3.1.4 单轨车设备技术条件 3.1.5 单轨车辆工装设备技术性能相关知识
	3.2 单轨车检修工艺改进	3.2.1 能进行整车调试、组装、功能测试的工艺编制 3.2.2 能对现行的检修设备和检修工艺及作业标准提出可行性改进意见 3.2.3 能编制车辆设备的检修工艺 3.2.4 能撰写技术总结	3.2.1 单轨车辆检修工序和工艺 3.2.2 技术总结的内容和写作方法
	3.3 撰写技术论文	3.3.1 能根据工作实际撰写技术论文	3.3.1 技术论文的内容和写作方法
4 培训指导	4.1 技术培训	4.1.1 能对初、中、高级跨座式单轨列车检修工进行安全、技术培训 4.1.2 能编写培训讲义	4.1.1 培训计划的编写方法 4.1.2 培训教学的基本方法

续上表

职业功能	工作内容	技能要求	相关知识
4 培训指导	4.2 专业指导	4.2.1 能对初、中、高级跨座式单轨列车检修工进行安全、技术指导 4.2.2 能在作业中应用新技术、新工艺、新材料、新设备	4.2.1 培训指导的要点、方法和注意事项 4.2.2 车辆装置新技术、新工艺、新材料、新设备有关知识

3.5 高级技师(一级)

职业功能	工作内容	技能要求	相关知识
1 故障处理	1.1 单轨车牵引系统故障处理	1.1.1 能判断、处理牵引控制系统的重大故障 1.1.2 能判断、处理牵引主回路的重大故障	1.1.1 单轨车牵引系统组成原理及检修工艺 1.1.2 单轨车电气设备维护保养工艺 1.1.3 电工知识
	1.2 单轨车辅助供电系统故障处理	1.2.1 能判断、处理辅助控制系统的重大故障 1.2.2 能判断、处理辅助主回路的重大故障 1.2.3 能判断、处理蓄电池回路的重大故障	1.2.1 单轨车辅助系统组成原理及检修工艺 1.2.2 单轨车电气设备维护保养工艺 1.2.3 电工知识

续上表

职业功能	工作内容	技能要求	相关知识
1 故障处理	1.3 单轨车制动系统故障处理	1.3.1 能判断、处理制动系统控制回路的重大故障	1.3.1 单轨车制动系统组成原理及检修工艺 1.3.2 单轨车辆制动系统维护保养工艺
2 落成校验	2.1 单轨车机械装置落成检查	2.1.1 能鉴定车辆转向架系统质量 2.1.2 能鉴定单轨车车厢设备系统质量	2.1.1 单轨车检修规程 2.1.2 单轨车转向架系统各部件技术参数及组成标准 2.1.3 单轨车车厢设备部件技术参数及组成标准
	2.2 单轨车车辆电气装置落成检查	2.2.1 能鉴定车辆电气系统设备的质量	2.2.1 单轨车检修规程 2.2.2 单轨车电气系统各设备参数及技术标准 2.2.3 单轨车电气系统功能
3 技术管理	3.1 单轨车检修过程管理	3.1.1 能按质量管理体系文件要求指导检修 3.1.2 能提出保障安全的建议和措施	3.1.1 质量管理体系相关知识

续上表

职业功能	工作内容	技能要求	相关知识
3 技术管理	3.1 单轨车检修过程管理	3.1.3 能编制车辆专项检查的实施步骤、方法，并对检测设备提出技术要求 3.1.4 能审核各类应急预案 3.1.5 能对车辆设备提出大修技术标准、检修工装、检修工艺，并编制作业指导书 3.1.6 能编制车辆装置质量等级和验收作业标准 3.1.7 能编制车辆转向架、车门、空调质量鉴定和验收作业标准 3.1.8 能判断、协调处理与车辆接口的信号系统及线路弓网配合等问题	3.1.2 质量鉴定和验收作业标准编制方法
	3.2 单轨车检修工艺改进	3.2.1 能进行车辆设计制造缺陷的整改处理及车辆各系统的优化升级 3.2.2 能编制车辆整修计划、加装改造计划	3.2.1 单轨车辆机械与电气系统构成 3.2.2 单轨车辆检修规程及工艺相关知识

续上表

职业功能	工作内容	技能要求	相关知识
3 技术管理	3.2 单轨车检修工艺改进	3.2.3 能设计和改进车辆装置的检修专用工具和设备 3.2.4 能对车辆检修工艺过程进行评价,并提出书面整改意见和实施要点	3.2.3 维修钳工、电工知识
	3.3 撰写技术论文	3.3.1 能根据工作实际撰写技术论文	3.3.1 技术论文的内容和写作方法
4 培训指导	4.1 技术培训	4.1.1 能对技师及以下跨座式单轨列车检修工进行安全、技术培训 4.1.2 能进行新技术、新工艺、新材料、新设备的应用培训	4.1.1 培训讲义的编写方法 4.1.2 计算机常用办公软件的使用方法 4.1.3 车辆装置新技术、新工艺、新材料、新设备相关知识
	4.2 专业指导	4.2.1 能对技师及以下跨座式单轨列车检修工进行安全、技术指导	4.2.1 培训指导的要点、方法和注意事项

4 比 重 表

4.1 理论知识

项目		初级（%）	中级（%）	高级（%）	技师（%）	高级技师（%）
基本要求	职业道德	5	5	5	—	—
	基础知识	25	15	10	—	—
相关知识	设备设施分解组装	30	25	15	—	—
	设备设施检修调试	20	25	25	—	—
	故障处理	20	30	35	35	30
	落成校验	—	—	10	20	15
	技术管理	—	—		25	30
	培训指导	—	—	—	20	25
合计		100	100	100	100	100

4.2 技能操作

项目		初级(%)	中级(%)	高级(%)	技师(%)	高级技师(%)
技能要求	设备设施分解组装	30	30	20	—	—
	设备设施检修调试	30	30	20	—	—
	故障处理	40	40	35	35	30
	落成校验	—	—	25	20	15
	技术管理	—	—	—	25	30
	培训指导	—	—	—	20	25
合计		100	100	100	100	100

城市轨道交通(有轨电车)列车检修工职业技能标准

1　职业概况

1.1　职业名称

城市轨道交通(有轨电车)列车检修工。

1.2　职业定义

从事城市轨道交通有轨电车列车检修、检测、故障判断处理以及试验工作的人员。

1.3　职业等级

本职业共设五个等级,分别为:初级(五级)、中级(四级)、高级(三级)、技师(二级)、高级技师(一级)。

1.4　职业环境条件

室内、室外,常温。

1.5　职业能力特征

具有较强的应变能力和较好的分析、判断能力;身体健康,听力良好,语言表达清晰;心理素质良好,形体感和空间感强;四肢灵活,动作协调性好;辨色力正常,双眼矫正视力不低于5.0。

1.6 基本文化程度

高中毕业(或同等学历)。

1.7 培训要求

1.7.1 培训期限

全日制职业学校教育,根据其培养目标和教学计划确定。晋级培训期限:初级不少于300标准学时;中级不少于200标准学时;高级不少于180标准学时;技师不少于120学时;高级技师不少于80学时。

1.7.2 培训教师

培训初、中级的教师应具有本职业高级及以上职业资格证书或相关专业初级及以上专业技术职务任职资格;培训高级、技师的教师应具有本职业技师职业资格证书1年及以上或相关专业中级及以上专业技术职务任职资格;培训高级技师的教师应具有本职业高级技师职业资格证书2年及以上或相关专业高级及以上专业技术职务任职资格,并具有丰富的维修组织、疑难故障分析和施工调试经验,掌握本专业有关前沿科技知识。

1.7.3 培训场地设备

满足教学需要的标准教室、技能培训基地、演练场或作业现场,有必要的设备、工具、量具、仪表等。

1.8 鉴定要求

1.8.1 适用对象

从事或准备从事本职业的人员。

1.8.2 申报条件

——初级(五级)

取得中等职业教育毕业证书。

——中级(四级)

在本企业从事本职业工作,并具备以下条件之一者:

(1)取得本职业初级(五级)职业资格证书 1 年及以上;

(2)取得高等职业教育毕业证书;

(3)具有高中及以上文化程度,且连续从事本职业工作 2 年及以上;

(4)取得相关职业(工种)初级(五级)职业资格证书,连续从事本职业工作 1 年及以上。

——高级(三级)

在本企业从事本职业工作,并具备以下条件之一者:

(1)取得本职业中级(四级)职业资格证书 2 年及以上;

(2)取得高等教育毕业证书;

(3)取得高等职业教育毕业证书,且连续从事本职业工作 3 年及以上;

(4)取得相关职业(工种)中级(四级)职业资格证书 2 年及以上,且连续从事本职业工作 3 年及以上。

——技师(二级)

在本企业从事本职业工作,并具备以下条件之一者:

(1)具有中等职业教育或高中以上学历,在本企业从事本职业工作,且取得本职业高级(三级)职业资格证书3年及以上;

(2)具有中等职业教育或高中以上学历,长期从事本职业工作,技术领先,具有突出的工作业绩,符合试点企业的破格申报条件,经本人申请、单位推荐,公示通过后,可破格申报技师(二级)。

——高级技师(一级)

在本企业从事本职业工作,并具备以下条件之一者:

(1)具有中等职业教育或高中及以上学历,在本企业从事本职业工作,且取得本职业技师(二级)职业资格证书4年及以上;

(2)具有中等职业教育或高中及以上学历,长期从事本职业工作,技术领先,具有突出的工作业绩,符合试点企业的破格申报条件,经本人申请、单位推荐,公示通过后,可破格申报高级技师(一级)。

1.8.3 鉴定方式

初、中、高级鉴定分为理论知识考试和技能操作考核两个部分。理论知识考试采用笔试或闭卷机考的方式,技能操作考核采用现场操作、模拟操作等方式。各级考核方式根据职业等级和考核项目的特点而定。技能操作考核部分由考评员按技能操作考核规定或相关标准打分。理论知识考试、技能操作考核均实行百分制,成绩皆达60分及以上者为合格。

技师、高级技师鉴定分为理论知识考试、技能操作考核和综合评审三个部分。理论知识考试和技能操作考核的方式与初、中、高级一致。综合评审采用业绩评价和论文答辩结合的方式。理论知识考试、技能操作考核及综合评审均实行百分制，三项成绩皆达 60 分及以上者为合格。

1.8.4 考评人员与考生配比

理论知识考试考评人员与考生配比为 1∶15，每个标准教室不少于 2 名考评人员。技能操作考核考评员与考生配比为 1∶5，且不少于 3 名考评员。综合评审委员人数为不少于 5 人的单数。

1.8.5 鉴定时间

理论知识考试时间不少于 60 min，技能操作考核时间按实际需要和考核项目确定，原则上不少于 30 min。

1.8.6 鉴定场所设备

理论知识考试在标准教室进行。技能操作考核在职业技能鉴定基地、演练场地或作业现场进行。场地条件及工具、量具、仪表等应满足实际操作需要，可酌情配设辅助操作人员。符合环境保护、劳动保护、安全和消防等各项要求。

2 基本要求

2.1 职业道德

2.1.1 职业道德基本知识

2.1.2 职业守则

(1)勤学苦练,精检细修

(2)服从指挥,遵章守纪

(3)热情服务,敬业爱岗

(4)钻研技术,提高技能

2.2 基础知识

2.2.1 有轨电车概论

(1)有轨电车规划、建设

(2)有轨电车车辆

(3)有轨电车供电

(4)有轨电车线路

(5)有轨电车通信、信号

2.2.2 机械基础知识

(1)机械制图

(2)机械原理

(3)机械设计

(4)机械传动

(5)力学基础

2.2.3 电工基础知识

(1)电工基础

(2)常用电工材料

(3)常用电工测量仪表

(4)电路基础知识和基本定律

2.2.4 计算机知识

(1)计算机的系统配置及操作

(2)智能终端的使用

2.2.5 相关法律、法规知识

(1)《中华人民共和国安全生产法》相关知识

(2)《中华人民共和国环境保护法》相关知识

(3)《中华人民共和国消防法》相关知识

3 工作要求

本标准对初级（五级）、中级（四级）、高级（三级）、技师（二级）、高级技师（一级）的技能要求依次递进，高级别涵盖低级别的要求。

3.1 初级（五级）

职业功能	工作内容	技能要求	相关知识
1 列车检查	1.1 机械系统检查	1.1.1 能准确识别列车各机械系统部件 1.1.2 能根据检修规程进行部件清洁、维护 1.1.3 能根据作业指导书对部件尺寸进行准确测量并记录	1.1.1 列车的结构组成及系统介绍 1.1.2 转向架的组成及作用 1.1.3 转向架附属设备的组成及作用 1.1.4 车门的组成及作用 1.1.5 车钩、开闭机构的组成及作用 1.1.6 贯通道、铰接机构的组成及作用 1.1.7 车体的组成及作用

续上表

职业功能	工作内容	技能要求	相关知识
1 列车检查	1.1 机械系统检查	1.1.4 能根据作业指导书对系统损耗件进行更换	1.1.8 内装的组成及作用 1.1.9 机械系统维护手册 1.1.10 机械系统部件检修规程、作业指导书
	1.2 牵引系统检查	1.2.1 能准确识别列车牵引系统部件 1.2.2 能根据检修规程进行系统部件清洁、维护 1.2.3 能根据作业指导书对系统损耗件进行更换	1.2.1 牵引系统的组成及作用 1.2.2 牵引电机、齿轮箱的组成及作用 1.2.3 联轴节的组成及作用 1.2.4 司机主控制器、司机显示单元的组成及作用 1.2.5 列车牵引控制原理 1.2.6 牵引系统维护手册 1.2.7 牵引系统部件检修规程、作业指导书
	1.3 制动系统检查	1.3.1 能准确识别列车制动系统部件 1.3.2 能根据检修规程进行系统部件清洁、维护	1.3.1 液压制动系统的组成及作用 1.3.2 液压制动控制单元的组成及作用

续上表

职业功能	工作内容	技能要求	相关知识
1 列车检查	1.3 制动系统检查	1.3.3 能根据作业指导书对系统损耗件进行更换	1.3.3 液压制动系统维护手册 1.3.4 液压制动系统部件检修规程、作业指导书
	1.4 电气系统检查	1.4.1 能准确识别列车电气各系统部件 1.4.2 能根据检修规程进行系统部件清洁、维护，能根据作业指导书对系统损耗件进行更换	1.4.1 高压受流系统的组成及作用 1.4.2 辅助供电系统的组成及作用 1.4.3 蓄电池的组成及作用 1.4.4 列车网络系统的组成及作用 1.4.5 乘客信息系统系统的组成及作用 1.4.6 空调系统的组成及作用 1.4.7 照明系统的组成及作用 1.4.8 电气机械设备的组成及作用 1.4.9 电气系统维护手册 1.4.10 电气系统检修规程、作业指导书

续上表

职业功能	工作内容	技能要求	相关知识
2 工器具使用	2.1 通用工具使用	2.1.1 能熟练使用机械测量工具 2.1.2 能熟练使用电工测量工具	2.1.1 游标卡尺、千分尺、塞尺、测力计等工具的使用 2.1.2 验电笔、万用表、钳表、摇表等工具的使用
	2.2 专用设备使用	2.2.1 能使用蓄电池加液设备 2.2.2 能使用轮缘润滑加油设备 2.2.3 能使用加砂设备 2.2.4 能使用轮对测量设备 2.2.5 能使用门页夹紧力测试设备 2.2.6 能使用制动液压油换油设备	2.2.1 蓄电池加液设备操作方法 2.2.2 轮缘润滑加油设备操作方法 2.2.3 加砂设备操作方法 2.2.4 轮对测量设备操作方法 2.2.5 门页夹紧力测试设备操作方法 2.2.6 制动液压油换油设备操作方法

3.2 中级(四级)

职业功能	工作内容	技能要求	相关知识
1 列车检测	1.1 机械设备检测	1.1.1 能对转向架部件进行功能性检测	1.1.1 转向架结构原理及功能

续上表

职业功能	工作内容	技能要求	相关知识
1 列车检测	1.1 机械设备检测	1.1.2 能对车门部件进行功能性检测 1.1.3 能对车钩、开闭机部件构进行功能性检测 1.1.4 能对铰接机构部件进行功能性检测 1.1.5 能对液压制动系统部件进行功能性检测 1.1.6 能对牵引电机、齿轮箱、联轴节进行功能性检测	1.1.2 车轮轮廓尺寸及公差范围 1.1.3 车门结构原理及功能 1.1.4 车门的调节尺寸及公差范围 1.1.5 车钩、开闭机构结构原理及功能 1.1.6 铰接机构结构原理及功能 1.1.7 铰接机构尺寸及公差范围 1.1.8 液压制动系统结构原理及功能 1.1.9 牵引电机、齿轮箱、联轴节结构原理及功能
	1.2 电气设备检测	1.2.1 能对牵引控制回路进行功能性检测 1.2.2 能对制动控制回路进行功能性检测 1.2.3 能对车门控制回路进行功能性检测 1.2.4 能对高压受流系统部件进行功能性检测 1.2.5 能对辅助系统部件进行功能性检测	1.2.1 列车电气原理图 1.2.2 列车电气接线图 1.2.3 牵引控制原理 1.2.4 制动控制原理 1.2.5 车门控制原理 1.2.6 高压受流系统结构原理及功能

续上表

职业功能	工作内容	技能要求	相关知识
1 列车检测	1.2 电气设备检测	1.2.6 能对网络系统部件进行功能性检测 1.2.7 能对乘客信息系统部件进行功能性检测 1.2.8 能对空调系统部件进行功能性检测	1.2.7 辅助系统结构原理及功能 1.2.8 网络系统结构原理及功能 1.2.9 乘客信息系统结构原理及功能 1.2.10 空调系统结构原理及功能
2 工器具使用	2.1 维护软件使用	2.1.1 能使用软件下载牵引系统数据包,并进行信号数据提取 2.1.2 能使用软件下载制动系统数据包,并进行信号数据提取 2.1.3 能使用软件下载车门系统数据包,并进行信号数据提取 2.1.4 能使用软件下载牵引系统数据包,并进行信号数据提取 2.1.5 能使用软件对列车系统工况进行实时监测	2.1.1 维护软件的安装、使用方法 2.1.2 电气原理图 2.1.3 电气接线图

续上表

职业功能	工作内容	技能要求	相关知识
2 工器具使用	2.2 专用检测设备使用	2.2.1 能使用专业设备对车体、转向架等部件进行探伤检测 2.2.2 能使用继电器测试台对列车继电器功能状态进行检测	2.2.1 探伤设备操作方法 2.2.2 继电器测试台操作方法
3 故障处理	3.1 机械系统故障处理	3.1.1 能处理车门系统故障 3.1.2 能处理车钩、开闭机构系统故障 3.1.3 能处理车体、贯通道系统故障	3.1.1 车门种类、机械结构及电气控制原理 3.1.2 车钩、开闭机构结构及工作原理 3.1.3 车体材料种类及车体结构 3.1.4 贯通道结构及工作原理 3.1.5 圆盘渡板结构及工作原理
	3.2 电气系统故障处理	3.2.1 能处理高压受流系统故障 3.2.2 能处理辅助系统故障 3.2.3 能处理空调系统故障 3.2.4 能处理乘客信息系统故障	3.2.1 受电弓(或第三轨、超级电容等)结构及工作原理 3.2.2 高压箱组成及工作原理 3.2.3 高速断路器工作原理

续上表

职业功能	工作内容	技能要求	相关知识
3 故障处理	3.2 电气系统故障处理	3.2.5 能处理电气机械设备故障	3.2.4 辅助逆变器组成及工作原理 3.2.5 蓄电池充放电控制原理 3.2.6 空调组成及控制原理 3.2.7 网络通信工作原理 3.2.8 乘客信息系统组成及工作原理 3.2.9 电气柜设备组成及工作原理
	3.3 恶劣天气条件下的故障处理	3.3.1 路面积水情况下，能处理齿轮箱油乳化故障 3.3.2 冰雪天气情况下，能处理转向架积冰 3.3.3 雹天气情况下，能检查车顶设备状况及更换受损部件 3.3.4 能进行其他恶劣天气情况下的列车设备检查及更换	3.3.1 转向架、转向架附属设备的结构及功能 3.3.2 列车设备布置 3.3.3 空调设备的结构及功能 3.3.4 列车设备维护知识

3.3 高级(三级)

职业功能	工作内容	技能要求	相关知识
1 列车检修	1.1 机械系统检修	1.1.1 能拆卸、更换、组装转向架系统部件 1.1.2 能拆卸、更换、组装车门系统部件 1.1.3 能拆卸、更换、组装车铰接机构系统部件 1.1.4 能拆卸、更换、组装车钩系统部件 1.1.5 能拆卸、更换、组装车制动系统部件 1.1.6 能拆卸、更换、组装联轴节 1.1.7 能进行列车连挂、落车及称重工作	1.1.1 转向架结构及附属部件布置 1.1.2 车轴、弹性车轮结构及功能 1.1.3 橡胶弹簧结构及功能车门结构及工作原理 1.1.4 铰接机构结构及工作原理 1.1.5 车钩结构及工作原理 1.1.6 制动系统(电制动、磁轨制动、液压制动)结构及工作原理 1.1.7 牵引电机、齿轮箱、联轴节结构及工作原理 1.1.8 列车连挂、落车、称重作业指导书及相关技术文件
	1.2 电气系统检修	1.2.1 能拆卸、更换、组装牵引箱系统部件 1.2.2 能拆卸、更换、组装制动电阻箱系统部件	1.2.1 牵引箱组成及工作原理 1.2.2 制动电阻箱组成及工作原理

续上表

职业功能	工作内容	技能要求	相关知识
1 列车检修	1.2 电气系统检修	1.2.3 能拆卸、更换、组装辅助逆变箱系统部件 1.2.4 能拆卸、更换、组装高压受流系统部件 1.2.5 能拆卸、更换、组装高压箱系统部件 1.2.6 能拆卸、更换、组装空调系统部件 1.2.7 能进行整车电气调试工作	1.2.3 辅助逆变器箱组成及工作原理 1.2.4 蓄电池充放电维护作业指导书 1.2.5 受电弓(超级电容、第三轨)组成及工作原理 1.2.6 高压箱组成及工作原理 1.2.7 高压受流系统过压、欠压、过流的保护机制 1.2.8 空调机组组成及工作原理 1.2.9 列车静调、动调作业指导书 1.2.10 列车电气原理图、接线图
2 故障处理	2.1 机械系统故障处理	2.1.1 能处理转向架构架裂纹、支架断裂故障 2.1.2 能处理车轴轴承故障 2.1.3 能处理橡胶弹簧剥离、损坏故障	2.1.1 轮对踏面擦伤、剥离等缺陷原因及处理措施 2.1.2 转向架构架、车轴损伤形式及处理措施

续上表

职业功能	工作内容	技能要求	相关知识
2 故障处理	2.1 机械系统故障处理	2.1.4 能处理齿轮箱、联轴节传动故障 2.1.5 能处理制动电阻箱故障 2.1.6 能处理牵引冷却循环系统故障 2.1.7 能处理制动单元、蓄能器故障 2.1.8 能结合牵引、制动数据对轮对踏面异常磨耗进行分析	2.1.3 橡胶弹簧损伤形式及处理措施 2.1.4 牵引电机、齿轮箱、联轴节常见故障及处理措施 2.1.5 制动电阻常见故障及处理措施 2.1.6 牵引冷却系统常见故障及处理措施 2.1.7 液压制动管路清洁作业指导书 2.1.8 液压控制单元、执行单元常见故障及处理措施 2.1.9 列车制动控制原理
	2.2 电气系统故障处理	2.2.1 能处理牵引封锁故障 2.2.2 能处理牵引网络信号丢失、延时故障 2.2.3 能处理制动信号丢失、延时故障	2.2.1 列车控制单元常见故障及处理措施 2.2.2 数据记录仪工作原理、常见故障及处理措施

续上表

职业功能	工作内容	技能要求	相关知识
2 故障处理	2.2 电气系统故障处理	2.2.4 能处理制动控制单元电气故障 2.2.5 能处理列车施加安全制动及制动不缓解故障 2.2.6 能结合牵引、制动、网络及门连锁信号分析列车无法牵引故障	2.2.3 继电器、断路器、接触器电气元件结构及工作原理 2.2.4 列车网络系统结构及工作原理 2.2.5 牵引系统部件组成及工作原理 2.2.6 制动系统部件组成及工作原理 2.2.7 列车电气原理图、接线图

3.4 技师(二级)

职业功能	工作内容	技能要求	相关知识
1 故障处理	1.1 机械系统故障分析处理	1.1.1 能汇总车体、车门、车钩、开闭机构、铰接机构、转向架系统检修中的异常情况,并制定检修方案 1.1.2 能对列车机械各系统的故障进行总结分析,在检修规程中提出预防措施	1.1.1 列车维护手册及检修规程 1.1.2 车体、车门、车钩、开闭机构、铰接机构、转向架的结构与原理

续上表

职业功能	工作内容	技能要求	相关知识
1 故障处理	1.1 机械系统故障分析处理	1.1.3 能组织召开技术交流会,对列车重大故障进行原因分析并提出处理措施	1.1.3 车体、车门、车钩、开闭机构、铰接机构、转向架系统零部件的检查和调整 1.1.4 车体、车门、车钩、开闭机构、铰接机构、转向架系统常见故障处理措施
	1.2 电气系统故障分析处理	1.2.1 能汇总牵引设备和牵引控制回路检修中的异常情况,并制定检修方案 1.2.2 能汇总制动设备和制动控制回路检修中的异常情况,并制定检修方案 1.2.3 能对列车电气各系统的故障进行总结分析,在检修规程中提出预防措施 1.2.4 能组织召开技术交流会,对列车重大故障进行原因分析并提出处理措施	1.2.1 牵引系统设备的检修与试验 1.2.2 制动系统设备的检修与试验 1.2.3 牵引逆变器的检修与试验 1.2.4 牵引、制动控制回路的检测与调试 1.2.5 牵引、制动控制回路常见故障处理措施

续上表

职业功能	工作内容	技能要求	相关知识
2 技术管理	2.1 列车接口技术分析	2.1.1 能分析车载设备与列车接口设备的常见故障并进行处理 2.1.2 能分析供电系统对列车运行的影响及控制方法 2.1.3 能分析供电系统与列车的高速断路器整定值的关系及调整方法 2.1.4 能分析限界中关键参数对列车运行的影响及控制方式 2.1.5 能分析轮轨关系及轮、轨轮廓对列车运行的影响及控制方法	2.1.1 车载设备的组成、状态及功能 2.1.2 车载设备与列车的电气连接 2.1.3 车载设备与列车接口的基本功能及控制方式 2.1.4 受电弓和接触网(或超级电容、蓄电池、第三轨及其他供电方式)参数对列车运行的影响及控制方法 2.1.5 牵引变电设备和列车的高速断路器整定值的关系及调整 2.1.6 轨道线路的参数 2.1.7 限界中关键参数对列车运行的影响及控制方式 2.1.8 轨道线路中与列车接口相关参数对列车运行的影响及控制方法

续上表

职业功能	工作内容	技能要求	相关知识
2 技术管理	2.2 列车检修工艺改善	2.2.1 能分析列车检修存在的不足并提出改进建议 2.2.2 能提出列车检修工作的质量控制标准 2.2.3 能改善列车检修工艺	2.2.1 列车检修工艺的技术和安全知识 2.2.2 列车及其零部件经常发生的问题及处理方法
	2.3 技术总结撰写	2.3.1 能编写列车故障报告 2.3.2 能编写列车故障处理手册 2.3.3 能撰写技术总结	2.3.1 技术总结的内容和写作方法
3 培训指导	3.1 技术培训	3.1.1 能对高级及以下有轨电车列车检修工进行安全、技术培训 3.1.2 能编写培训讲义	3.1.1 培训教学的基本方法 3.1.2 培训计划编制方法
	3.2 专业指导	3.2.1 能对高级及以下有轨电车列车检修工进行安全、技术指导 3.2.2 能在检修作业中应用新技术、新工艺、新材料、新设备	3.2.1 有轨电车列车新技术、新工艺、新材料、新设备有关知识

3.5　高级技师(一级)

职业功能	工作内容	技能要求	相关知识
1 故障处理	1.1 列车故障处理	1.1.1 能检测列车各系统部件的工况,消除故障隐患 1.1.2 能运用测试设备对系统部件进行功能检测与试验,并分析试验结果,完成试验报告	1.1.1 列车系统的组成及原理 1.1.2 列车系统的技术规范 1.1.3 列车系统的维护手册 1.1.4 列车系统的检修规程 1.1.5 列车型式试验技术规范 1.1.6 列车型式试验报告 1.1.7 列车例行试验技术规范 1.1.8 列车例行试验报告 1.1.9 列车综合线路图和布线图
	1.2 联调联试故障处理	1.2.1 能指导列车调试过程中的系统故障分析和处理	1.2.1 列车型式试验技术规范 1.2.2 列车型式试验报告 1.2.3 列车例行试验技术规范 1.2.4 列车例行试验报告

续上表

职业功能	工作内容	技能要求	相关知识
1 故障处理	1.2 联调联试故障处理	1.2.2 能处理和解决列车与信号、供电、轨道在联调联试中出现的系统故障	1.2.5 列车综合线路图和布线图 1.2.6 信号、供电、轨道联调联试技术规范
2 技术管理	2.1 技改方案和检修工艺编制	2.1.1 能编制重大项目技改方案 2.1.2 能提出保障列车设备安全的建议和措施 2.1.3 能设计和改进列车关键零部件检修专用工具和设备 2.1.4 能对列车关键零部件检修工艺过程提出整改意见和质量验收要求 2.1.5 能针对重大故障进行分析,提出解决方案	2.1.1 列车技术管理知识 2.1.2 列车安全保障体系相关知识 2.1.3 质量管理体系相关知识 2.1.4 列车检修工艺相关知识
	2.2 撰写技术论文	2.2.1 能撰写技术论文	2.2.1 技术论文的内容和写作方法
3 培训指导	3.1 技术培训	3.1.1 能对技师及以下有轨电车列车检修工进行安全、技术培训 3.1.2 能进行新技术、新工艺、新材料、新设备的应用培训	3.1.1 培训讲义的编写方法 3.1.2 计算机常用办公软件的使用方法

续上表

职业功能	工作内容	技能要求	相关知识
3 培训指导	3.2 专业指导	3.2.1 能对技师及以下有轨电车列车检修工进行业务技术指导	3.2.1 培训指导的要点、方法和注意事项

4 比重表

4.1 理论知识

项目		初级（%）	中级（%）	高级（%）	技师（%）	高级技师（%）
基本要求	职业道德	5	5	5	5	5
	基础知识	25	20	10	5	5
相关知识	列车检查	40	—	—	—	—
	列车检测	—	20	15	—	—
	工器具使用	30	15	10	—	—
	列车检修	—	30	30	—	—
	故障处理	—	10	30	40	30
	技术管理		—	—	30	40
	培训指导	—	—	—	20	20
合计		100	100	100	100	100

4.2 技能操作

项 目		初级（%）	中级（%）	高级（%）	技师（%）	高级技师（%）
技能要求	列车检查	60	—	—	—	—
	列车检测	—	20	10	—	—
	工器具使用	40	20	10	—	—
	列车检修	—	40	40	—	—
	故障处理	—	20	40	40	30
	技术管理	—	—	—	40	40
	培训指导	—	—	—	20	30
合 计		100	100	100	100	100